This edition is published by special arrangement with Editorial C.E.L.T.A. Amaquemecan S.R.L.

Grateful acknowledgment is made to Editorial C.E.L.T.A. Amaquemecan S.R.L.
for permission to reprint *Tili y el muro* by Leo Lionni. Copyright © by Leo Lionni;
Spanish translation copyright © 1991 by C.E.L.T.A. Amaquemecan.
Originally published in North America by Alfred A. Knopf, Inc. under the title *Tillie and the Wall*.

Printed in the United States of America

ISBN   0-15-332469-4

1 2 3 4 5 6 7 8 9 10   026   04   03   02   01

Tili y el muro

Cuento e ilustraciones de
Leo Lionni

 Harcourt

Orlando   Boston   Dallas   Chicago   San Diego

Visite *The Learning Site*
www.harcourtschool.com

El muro había estado allí desde que los ratones tenían memoria.

Nunca le prestaron atención. No se preguntaban qué podía haber del otro lado; ni siquiera se preguntaban si existía algo que pudiera ser otro lado. Se dedicaban a sus asuntos como si el muro no existiera.

A los ratones les encantaba
conversar. Platicaban
constantemente sobre cualquier
tema, pero nadie mencionaba
nunca el muro.

Sólo Tili, la ratoncita más joven, miraba siempre la pared altísima preguntándose qué habría del otro lado.

De noche, mientras los demás dormían, se quedaba despierta en su lecho de paja, imaginando que del otro lado del muro había un mundo bello y fantástico, habitado por extraños animales y plantas exóticas.

—Tenemos que ver qué hay detrás
—dijo Tili a sus amigos —.
Tratemos de escalar el muro.

Entonces comenzaron a intentarlo, pero el muro parecía hacerse cada vez más alto.

Con un gran clavo oxidado, quisieron hacer un agujero para poder ver a través del muro.

—Sólo es cuestión de paciencia —dijo Tili. Pero después de trabajar toda la mañana renunciaron exhaustos, sin haber hecho siquiera un rayoncito a la dura piedra.

—El muro debe acabar en alguna parte —planteó Tili convencida. Caminaron y caminaron por muchas horas. Pero el muro parecía no tener fin.

Un buen día, no lejos del muro,
Tili vio que una lombriz se metía
en la tierra negra.

¿Cómo no había pensado
antes en eso?
¿Por qué nadie había
pensado en eso?

Muy excitada, Tili empezó a cavar. Siguió cavando y cavando...

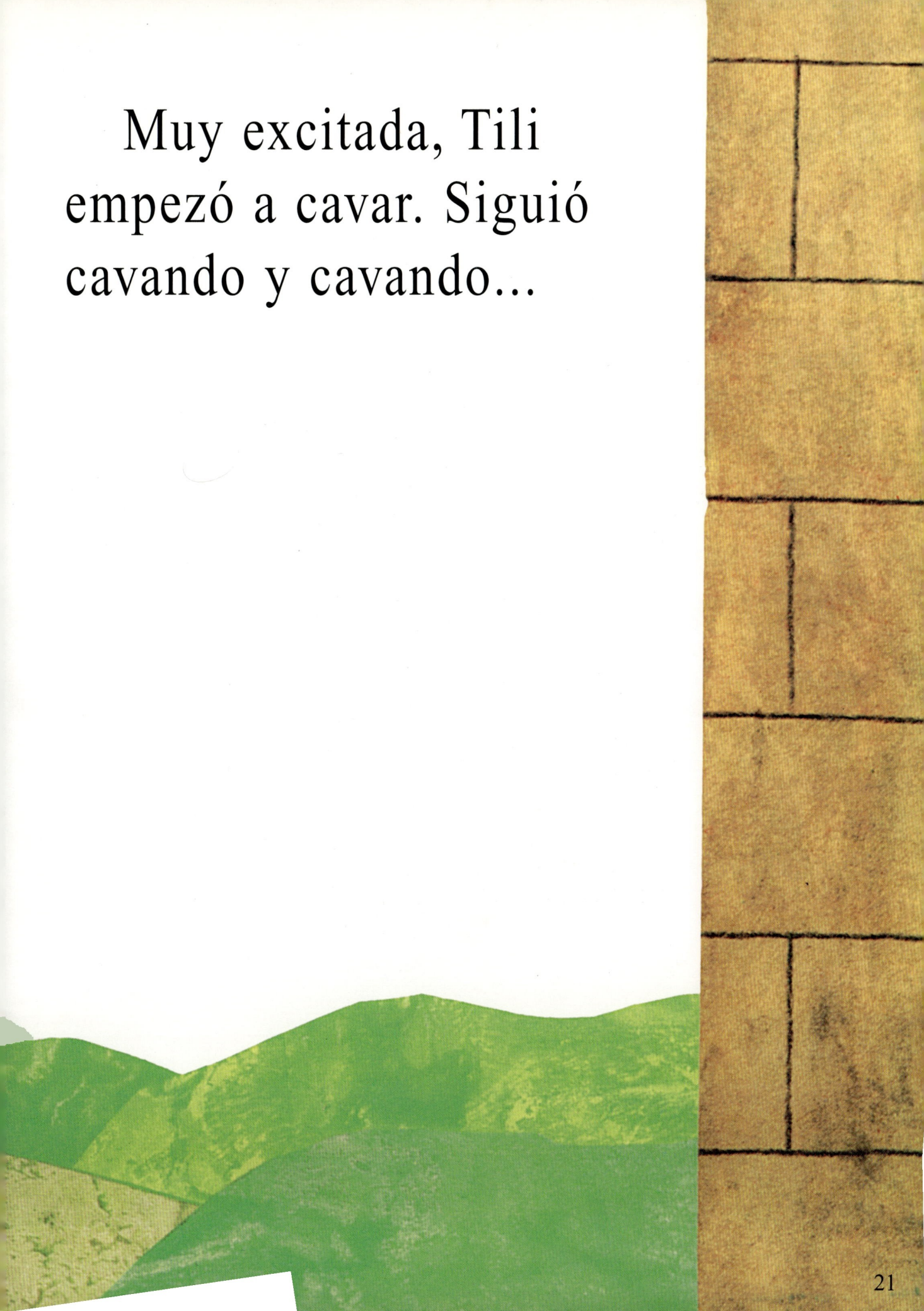

Hasta que, de improviso, casi cegada por el brillo de la luz, ¡se encontró del otro lado del muro!

No podía creer lo que veía: se encontraba frente a otros ratones, ratones comunes, igualitos a ella.

Los ratones dieron a
Tili una gran bienvenida.
La llevaron a la piedra
de las celebraciones.
¿Dónde había visto esto
antes?, pensaba Tili.

Los ratones hicieron
discursos en su
honor y agitaron
banderas.

Más tarde decidieron aventurarse por el túnel de Tili para ver por sí mismos lo que había del otro lado. Uno por uno siguieron a Tili.

Y cuando los ratones del lado de Tili vieron lo que había descubierto la ratoncita, también hicieron una fiesta. Todos se lanzaban confeti y gritaban:

—¡TI-LI!, ¡TI-LI!, ¡TI-LI! —y alzaron en andas a la ratoncita.

Desde ese día, los ratones pasan libremente de un lado a otro del muro, y siempre recuerdan que fue Tili quien les enseñó el camino.